JN436457

창조문학대표시인선 · 291

햇살 좋은 방

임홍택 시집

창조문학사

□ 서시

詩로의 초대

무의미하게 누워있던 문자들이 몸을 일으킨다
기지개를 켜며 걷기도 하고 뛰기도 하며 어깨춤을 출 때
슬며시 손을 잡고 초대한다

문자들이 작은 소리로 소곤소곤 다가올 때
귀를 쫑긋 세우고 슬며시 기대기도 하고
헛기침으로 다가가며 소리를 적어 본다

문자들이 뒤척이며 잠을 청할 때
베개를 내밀며 다가가 본다

숲속으로 걸으며 연처럼 걸린 문자들을
휘파람을 불며 초대해 본다

익숙해지는 풍경 속으로 걸어 나오는 문자들이
콧노래를 부르며 다가온다
얼른 손을 잡고 함께 걸어간다

문자들이 문장을 만들며 모니터에서 깜박거릴 때
설레며 받아 적어본다

책장에 서성이며 절창으로 노래 부르는 문자들
눈을 지그시 감으며 들여다 본다

꽃피우는 문자들이 의미를 가질 때
이슬이 맺히듯 다가선다

햇살 좋은 방에서 시를 쓴다
가장 고운 소리를 부르며 노래 부른다
시어들이 다가오며 모습을 갖춘다
받아 적는다

아장아장 걷기도 하고 큰 걸음으로 다가오는 문자들
가끔 춤을 추기도 한다
다정하게 말을 거는 시간
잔치를 한다
햇살 좋은 방으로 초대한다
시를 쓴다

2023년 7월 26일
임홍택

햇살 좋은 방
임홍택 시집

차례

햇살 좋은 방 1부

햇살 좋은 방 2부

햇살 좋은 방 3부

햇살 좋은 방
임홍택 시집

햇살 좋은 방 4부

햇살 좋은 방 1부

빛을 찾아서

햇살이 강줄기를 따라 춤을 춘다
선명하게 드러나는 빛 속에서
은어 떼가 펄떡이며 튀어 오른다
참 좋은 색, 정제된 빛깔들
가장 힘 좋은 하나를 눈길로 잡아본다
팔딱이는 빛깔들
그리고 노을,
해질녘 가장 고운 빛깔을 고르는 시간
숨소리마저 고요하다
너를 만나는 시간

그리움의 숲

햇살이 오선지를 그릴 때
뼛속까지 비운 새는
숲의 그리움으로 날갯짓한다

팽팽한 현 위에 영혼의 노래를 짓는다
유연한 곡선만이 살아남아
꽃이 핀다고 꽃이 진다고

새들은 가는 곳마다 길이다
그리움의 뼈마디에
영혼을 길어 숲으로 난다

영롱한 악보 하나 남기고
비로소 나뭇가지에 깃든다

애기사과 나무

그늘 속에서 핀 꽃이
발길을 멈추게 한다

연분홍 수줍게 꽃망울 달고
햇살을 저으며 걸어 나오지 못했을까

소담스러워 더욱 귀한 꽃
꽃다지에 붉은 쥐 눈동자
애기사과 열렸네

꽃자리 더욱 빛나는
열꽃을 피워 낸다

꽃 몸살을 엮어 애기사과 맺는다는 것을
왜 몰랐을까

능금보다 아름다운 붉은 열매
주저리 열렸네

사랑이 깊으면 애기사과가 된다는 것을
사월의 바람 속에서 본다

나이테 환한 자리 의자가 되어

반들거리는 나이테를 본다
실타래 감듯 뿌리는 더욱
둥글게 힘을 주었다.

숲의 품속에서 허리를 굽혀
기쁨을 더욱 동여매고
그루터기를 그리는 걸까

환한 자리 의자에 앉자
비스듬히 누운 살결 속에서
숲의 향내가 난다

올곧게 자라 옹이도 품지 않은 듯
열매마저 마다하고
물결무늬 더욱 도드라진다

동심원으로 자라나 숲을 닮은
의자가 된 나무의 꿈은
숲의 길목에 쉼터 하나 놓는 일이다

나이테 환한 자리 의자가 되어

여름 나무의 혀

한 소절을 부르기 위해
혀들이 돋아난다

옹알이하듯 혀마다 익힌 음계를
푸른 휘파람으로 분다

구슬을 굴리는 듯한 바람을 흉내 내다가
한 음절씩 말을 내미는
수천 개의 이파리 이파리
숲의 울림을 노래한다

여름을 사랑하기 위해
참았던 외마디 완창을 하며
흘리는 눈물이 녹즙이 된다

푸른빛을 내는 까닭일까
잎사귀 잎사귀 노랫소리 들리는가
오그라진 혀들의 완창

길가에 서서 우는 사람이여
햇살이 머무는 까닭일까

팽나무, 담다 닮다

가장 맑은 햇살 골라 엮어 매고
샛바람 단련된 팔로 견디어 낸다

바람의 결을 굽혀 아리랑 노래 부르며
춤판을 내젓다 멈춘,

수천의 청매 발톱으로
강산의 흙을 움켜쥐고
나이테 톱니바퀴 굴려

시간의 틈새를 엿보고 있다

날랜 번개 섬광도 지그시 눈 감고
노루귀 닮은 이파리 이파리
천둥의 손톱을 밀어내며

오백 년 겨운 팔 넌지시 내려놓고
고개를 숙이고 숙인 채
눈부신 하늘가 언뜻 바라보는

촛불처럼 속 타던 심지 하나로
견디고 견디어 내는
빗방울 하나도 담아내며 선 채

팽나무, 담다 닮다

노을의 숨

빛과 어둠을 가르는 기차가
산모퉁이로 꼬리를 감춘다

환희로 가득찬 노을이 숨을 쉴 때
빛이 산정을 오르는 숨소리일까
긴 하루를 돌아보는 한숨일까

가장 고운 빛깔을 칠하며
능선 위로 펼쳐놓는다

빛이 어둠 속으로 들 때
몰아쉬는 숨은 노을을 만들고
단풍이 든다 물든다

빛과 어두움의 경계에서 노을이 태어나
안간힘으로 얼굴을 붉힌다

곱디고운 소멸이 동치미 뒷맛처럼 아득해지고
모든 빛깔을 노을빛으로 물들이며
숨을 몰아 쉰다 숨는다 쉰다

영혼의 갑옷

옹이를 간직한 채 한 뼘 물러서서
마른 땀을 흘리는 나무

두 팔 벌려 숲의 정령들을 자라게 하며
퉁퉁 부은 장딴지로
뿌리의 발톱까지 힘을 주고

물길 따라 한 발자국 다가서며
여름을 묵상하는 까닭을 엿들은 후에
나무들도 가끔은 영혼의 갑옷을
입는다는 것을 알았다

땡볕에 서서 저녁놀 기다리는
길가에 선 나무들의 기다림은
어디에서 오는 걸까

마른 땅 움켜쥐고 뿌리의 언저리는
발레리나의 굳은살이 박였을 것이다

기도하는 것이다
가끔은 나무들도 영혼의 갑옷을 입고

거미를 꿈꾸는 날의 오후

서가 위에서 어둠을 켜는 첼로의 현이
중저음의 혀를 내민다
투명한 줄이 한때 고음을 내기도
했으리라

생명 줄을 꼬리에 물고
별빛을 연주하던 거미,

줄을 따라 하강하면서
낡은 벽을 단장하는 늙수그레한 중년이
담벼락에서 그네를 타고 있다

더운 숨결을 매달고
창가에서 바람에 흔들린다

빗살무늬 주름을 이마에 새기는 시간
땀내가 파르르 떨었다

낡은 첼로의 연주가 멈춘
먼지 낀 적요가 현의 울림이 되어
햇살을 연주하고 있다

고등어, 서둘러 삼키다

고등어 한 마리가 목젖에 걸려
파닥거리고 있다

불의 단련을 받은 푸른 등이
소금기에 배어 입가에 맴돌았다

허연 뼈가 드러나는 순간
한 생을 멈춘 고등어의 뱃살이
푸른 물결을 가르고 튀어 오른다

살에 박힌 가시가
물살을 가르던 파닥거림으로
목젖에 걸려 내 몸에 박히면
빠른 물살을 가를 수 있을까

통증을 간직해 본다
좁은 수로를 지날 수 있는 힘이 솟으리라

고등어 한 마리가 목젖을 찌르며
서둘러 삼킨 가벼움이 그물을 지나고 있다
꼬르륵 꼬르륵
뱃살에 박힌 통증이 전해오는 듯하다

햇살 좋은 방

비온 뒤 꾸물대는 뭉게구름 개어
억새 붓으로 칠한 벽에

코스모스도 그려 넣고
향내나는 나무 속살 문질러
반들반들한 마루 놓고

높푸른 하늘 한켠을
구들장 떼어내듯 오려내어
머리맡에 풀어 놓고

어둡고 낮고 아득한 오후
가을볕이 비단처럼 출렁이고
폭포처럼 쏟아지는
세 평짜리 방이라도 좋으련만

노을과 단풍 그리고 새

노을 속에서 새 떼가
키 작은 단풍나무 가지로 깃들 때

새들은 온기를 나누며
잊힐 수 없는 뒷얘기를 나누었을 테고
열매를 맺듯 겨드랑이가 간지러웠을 것이다
단풍도 함께 물들었을 것이다

노을빛을 닮은 단풍을
스미도록 한가득 담아
부리를 부지런히 놀려,

그래서일까
노을은 가장 좋은 빛깔을 골라
물들였으리라

스미고 한결 가까이 둘러앉아
한참 노을을 바라봤을 테고
별빛은 총총해졌을 것이다.

새들은 왜 날아드는가
겨드랑이로 굽힌 무릎으로 뛰놀 때
단풍이 드는 까닭일까

벗이 무척 그리운 날
노을 속에서 새들을 불러본다
이번 일요일에도 쉬지 않고 찾아오려나

우산을 쓴 자전거

꿈길을 달려야지
두 손으로 길을 내며
어둠 쪽으로 힘을 주어야겠다

안장의 좁은 터를 이고
뒤뚱거리며 뻴뻴 대는 자전거

짐받이에 우산을 달고
페달을 밟는다
되돌아갈 수 없으니까

상처를 보듬어야 비로소
아장거리며 일어서는 자전거

힘살이 돋아야 해
바퀴를 따라 길을 내야지

비 오는 언덕길에서
바람의 방향으로 페달을 밟는다
힘을 내야지

직립보행을 꿈꾸는
바퀴 근육이 탱탱해질 때까지
오늘은 바퀴를 따라 걸어야겠다
빛이 쏟아진다

덤

폭풍이 지난 뒤 덤으로 받은 사과 한 알
햇살을 문지르며 바람을 깎아낸다

최고의 순간이 담기고
폭풍의 방향을 품고 있는 흠집에
흙의 무늬가 물들여져 있다

나도 이만한 덤을 내밀 수 있을까

바람의 손톱 속에서 햇살을 엮은 솜씨로
폭풍을 한 움큼 베어 물고
바람의 무늬를 삼켜본다

가을 햇살에 빨강 고추 널어 말릴 때
쪽빛 하늘에 피어나는 뭉게구름 같은

덤 같은 시간을 내밀 수 있을까

홍어의 길

식탁에 둘러앉아
바닷길을 열고 달려온
홍어의 길을 그려 본다

시간의 날개를 달고 여기까지 왔을까
유영을 마치고 바다 향을 그리움으로 삭혀
기다림의 향내를 드러내는 인고의 시간

묵은지만큼 더디게 어우러지면
곰삭은 시간을 씹으며
바닷길로 돌아갈 듯하다

낮은 자세로 유영하던 힘찬 날갯짓이
입가에 머무는 순간
홍어의 길을 가는지도 몰라

우리도 이렇게 향내를 머금고
머무르는지도 몰라

새들의 길

새들은 어디서 날아드는가
별일까, 달일까, 구름일까

시간의 늪을 지나
키 작은 나무에서 높다란 나무로
새들은 길을 내며 난다

도화지 위에 길을 내는 나여
창공으로 길을 내는 새여

높은음자리로 노래하는 것은
환희일까, 슬픔일까

전봇대에서 고가도로 난간으로
깃드는 새여
어느새 숲의 노래를 잊었단 말인가

주머니에 넣고 싶은 뽀얀 새여
나무에 심장을 달고
박동 소리 들려주는 새여

책장 사이 햇살 한 줌

햇살에 쫓긴 어둠이
책장 사이로 숨어든다

햇살 한 줌이 창밖을 비추고
문자들을 하나씩 불러내며
서성거린다

어둠 속에 갇혀 있던 문자가
의미가 되어 살아날 때
방 안 가득 정렬된다

석양에 긴 그림자 드리워질 때
잠시 가슴 깊이 새긴 다짐이
둥글게 문밖으로 걸어 나가고
서랍 속으로 다시 어둠에 든다

직립보행을 꿈꾸는 문자들이
햇살을 기다리며 어둠에 들 때
부활을 꿈꾼다

낡은 현에 스치는 빗방울

그녀를 기다리며 빗소리 듣고 있네

여름 나무 잎사귀 초록 물이
물감처럼 젖어 드는 어깨 위로
추억의 한 자락을 아로새기네

낡은 기타의 현처럼 늘어진 열기가
먼지처럼 씻기며 찰박거리는 종아리
반쯤 구부러진 우산이 되고 싶었네

옛사랑의 그림자 서성거리고
녹슨 현이 바르르 떨었지

빗소리로 악보를 그리며
마음의 한편으로 고이고 있었네
솜사탕을 들고 배시시 웃고 말았네

접시 위에 담긴 시간

안간힘을 다하여 황금 모래를 쥔다
모래시계에 담긴 시간
적요 속의 휘파람 소리 틈새 속으로 스친다

무말랭이 씹듯 나른한 버릇 사이로
발라낸 고등어 뼈 같은 시간이 흐른다

늘어지는 긴장을 베어 물고
나비잠 같은 햇살이 머무르면
찰나의 시간이 옅은 접시 위에 잠긴다

일과 일 사이에서 호주머니에 넣고 주무르면
회색빛으로 흘러내린다

새털구름같이 가벼운 접시 위의 시간이 머무르면
허드렛일마냥 낮고 펑퍼짐한 시간이 흐른다.

시간이 담기는 순간 나비 꿈을 꾼다
나비가 되는 순간이다

길, 바람에 휘다

굽이칠수록 투명해지는 물소리
빨래터에서 무명옷 두드리던 아낙이
정화수 떠 놓고 기다리던 길

오르던 길이 바람에 휘어졌으니
관문을 뚫기 위해 뜨거운 숨결 토해내고
젖은 소매로 굵은 땀방울 닦는다

화관을 쓰고 좁은 문 드는 꿈
푸른 솔처럼 자랄 수 있다면

씨앗 여무는 잣나무 푸른 숲에
산자락 흔드는 바람 소리
환희의 순간 돋아나고 있었네

굽이굽이 산허리를 오르며
환한 님의 모습 그리워하네
길은 바람에 휠뿐 되돌아서지 않네

*문경새재를 넘으며

햇살 좋은 방 2부

성자의 아침

풀 냄새 나는 나그네
그는 성자가 아닐까

노란 꽃대를 들어 올리는
가장의 꿈은 일용할 양식

청춘의 촉이 아직 남아
바위틈에 뿌리를 내린다

촛불처럼 심지 하나로
걸어가는 아침의 성자

낡은 구두로 어둠을 저어
조심스레 새벽들로 간다

촛불 연가

촛불을 닮고 싶어
어둠을 밀어내며
뿌듯한 불 밝히고 싶어

눈물이 되고 싶어
환할수록 야위어 가는
고요한 밤의 기도

심지 하나로 환한 자리
이웃이 될 수 있다면

오롯이 환희로 우러르는 밤
더욱더 환해지는 촛불

마음 한자리가 뜨거워지는 시간
그런 자리에 놓이고 싶어

어머니의 묵주

어둠이 뒷걸음치는 새벽에
군불을 지피시던 어머니
온기 속에서 들려오던 기도 소리

고운 노래로 영롱한 기쁨을 엮어
성모님께 드리는 장미 꽃다발
오늘 반들반들한 묵주 알 굴리며 기도드린다

나이가 들수록 더욱 그리워지는
어머니는 점점 젊어지신다

봄비 내리던 날
아침 준비로 장독대로 가시던 발걸음 소리
온화한 미소로 보름달을 닮은 어머니가
꿈결 속에서 걸어 나온다

이젠 사진 몇 장과 묵주만 남아
언뜻 어머니가 보고 싶을 때
장미 송이송이 엮어드린다
뜨거운 눈물이 흘러내린다

어머니가 주신 묵주로 새벽을 열 수 있다면

아버지의 의자

삐걱거리는 서랍을 열다가
사진 한 장을 보았네

정장 차림에 엷은 미소를 띠고
물끄러미 바라본다

영정 사진을 찍고
그 후 곤한 삶을 사시던 아버지

목욕하던 앉은뱅이 의자가
저만치 구석에 앉아
주인 없이 자리를 지키네

두 손을 펼치면 가려질 듯
좁은 의자에 앉아
중심을 잡았을 것이다

일용할 양식을 위해 흘린 땀을 닦으며
수건을 두르고 두 팔을 접었다 펴며
욕실에서 몸을 움츠리신다.

아버지가 의자에 앉아
굽은 등을 닦는다

아버지에게 등을 내밀던 날이 그리워
영정 사진을 바라보며
눈시울을 적시며 서성거린다

닦아도 닦아도 지워지지 않는
그리움이 의자에 앉아 돌아앉는다

해송의 눈물

세월에 지쳐 흘린 눈물이 마르고
가지도 허락하지 않은 채
이마를 햇살에 드리웠다

마음은 결백하여 하늘을 닮았구나
해송을 허락한 숲속으로
바닷바람이 분다

옹기종기 모여 서서
오랜 상처를 지닌 채 자라는구나

복숭아뼈 근처 일 게다
상처를 보듬고 햇살을 향하여
비상하는 해송이 만세삼창을 한다

안면송이 산언덕을 오르며
잊히지 않는 상흔을 딛고
환호성을 지르며 손뼉을 친다

* 안면도 해송은 송진을 채취하기 위하여
크게 껍질을 벗겨낸 상처를 지니고 있다

질경이의 노래

수레야 수레야
흙먼지 폴폴 날리는 길로
뿌리 돋으며 가자

역사의 수레바퀴 황톳길 질척여도
억세게 자라는 질경이 되자

밀알처럼 좋은 땅에 떨어져
단아한 풀꽃이 되고 싶었네
초록의 힘으로 언덕길 오르고 싶었네

순하디순한 잎사귀 보듬고
한바탕 소나기 지나도
땡볕에 뿌리 돋우며 갈래

억센 손길 춤추어도
아가의 손짓을 닮으며 갈래

샛강의 맑은 물살 위로
황토물 휘돌아 갈지라도
연한 잎 피우게 수레야 가자

외발자전거의 꿈

산소 탱탱하게 채우고
외발자전거를 타고 싶다

귓바퀴 같은 길을 따라
달팽이관을 지나
뒤뚱거리며 중심을 잡고 싶다

나이테 원을 따라
몇 바퀴 돌다가
모감주나무 열매로 엮어 바퀴를 굴리면

태엽처럼 잠긴 길이
스르르 풀리겠지

캔버스에 꾸불꾸불한 물감을 짜서
오금이 저리도록 후끈한 길을 만들고 싶다

햇살로 현을 만들고
이리로 저리로 맑은 노래를 지어
코스모스 길로 달리고 싶어
배롱나무처럼 굳은살도 박이고
손금 같은 길도 씽씽 가겠지

추억을 담은 서랍

삐걱거리는 서랍을 열면
일곱 색깔 색종이가 가득하다

연필로 꾹꾹 눌러 쓴 기억을
꿈꾸는 서랍에 담아본다

우울했던 보랏빛 색종이를 읽어보면
선명하게 드러나는 불면의 기억들

꿈꾸지 않았던들 어찌
여기까지 왔을까
자꾸 뒤돌아보며 걷는다

초록빛 추억은 바래지 않고
다시 울긋불긋한 단풍으로 피어난다

아쉬움으로 가득한 젊은 날
쉽게 걸려 넘어지던 기억을
다시 꿈꾸는 마음 서랍 속에 담는다

소금의 눈물

한쪽 구석에 앉아
눈물을 흘리고 있다

눈물을 삼키며 얼마나 울어야
짠맛 끝에 단맛이 날까

바닷바람이 불고 햇볕에 그을려도
순백의 결정을 간직한 소금

숨 쉬는 자루에 담겨
눈물을 훌쩍거리고 있다

모퉁이에 기대어 바다를 그리워해도
정제되는 소금처럼 끝 맛이 좋았으면

원미동 아침 길

햇살이 실개천처럼 내릴 때
담쟁이 담을 넘듯

손금 같은 길로
생의 구르마가 오른다

꽁무니에 긴 그림자 달고
주름살 깊은 시간의 늪을 건너
일용할 살림살이가 얼굴을 내민다

원미동 골목은
막다른 길이 없다

생의 구르마를 밀어준 적이 있는가
후끈한 길이 트림을 한다

경계, 돌담 같은

까치발을 들지 않아도 살림살이 언뜻 보이는
허리춤 아래 머무르는 돌담을 갖고 싶어

울타리 넘는 감나무에 감이 주렁주렁 열렸을 때
서너 알 눈길을 주는 그런 담장

새들이 지저귀다 포로롱 날아들 때
애써 솟구치지 않고 살며시 돌아앉아
오후의 한때 그늘에 드는 나지막한 돌담

담을 넘는 잎사귀 넝쿨 아래 애호박 빛날 때
팽팽한 눈길 다소곳해지는 나지막한 경계
높다란 홍시 바라보다 눈이 마주치는 그런,

원미동 아침 길 2

빛바랜 바람이 불면
원미동 골목길을 걸어 보라

그물을 던지면 구멍가게 문방구 점집
달걀 같은 가로등이 걸릴 것 같은
젖은 상자도 일용할 양식이 되는 곳

느른한 노동의 새벽이
후박나무 모과나무 감나무
담쟁이넝쿨 울타리 넘는 곳

손금 같은 길이 마른기침하고
꼬리를 치켜든 고양이가 서성거리는
시간 깨우는 시간의 늪에
주인 없는 발걸음 소리 문지방 넘는

재잘재잘 물소리가 거꾸로 흐르는
설익은 길을 홀로 걸어 보라

시간의 뒷모습

쏜살같이 허공을 가르며
굽은 등을 보이며 간다

길의 끝에서 만나는 오솔길로
접어들어 터벅터벅
홍겨운 발걸음으로 걷는다

추억은 여울에 모여 잠깐
모습을 보일 뿐
되새기며 다짐했던 언어들이
줄지어 떠오르고

곱은 손으로 매듭을 풀던
시간의 뒷모습

끊임없이 말을 거는 파도가 되어
물거품으로 사라지며 자꾸 뒤돌아 간다

낡은 토요일의 저녁

깊이를 재지 않아도
수초 사이에서 유영하는 물고기처럼
어렴풋해서 무한해지는 흔적들

어루만지다 보면 닮아버린
물사마귀 같은 상처들로 아득해진다

낡은 사진첩에서 꺼낸 추억의 한 자락이
풍선처럼 부풀어 올라
익숙한 지난 길을 더듬거리며
스쳐 가는 아슬함이 있는 저녁

낡은 자전거의 안장을 닦으며
터덜대며 지난 길의 끝에서
뿌듯함을 간직하고 싶다

가지 않은 길을 오래 품듯
아스라해져 완전해지는 사랑
기다림을 간직하는 시간

거울에 비친 모습 보다가
빛바랜 사진첩을 꺼내어 닦는다

투명한 물고기처럼
낡은 토요일 저녁을 맞이한다

겨울나무의 고백

반쯤 눈을 뜨고 귀 열어
초록을 내밀고 싹이 움틀 때까지
봄소식을 소곤소곤 이야기했지

잎사귀마다 춤을 추며
빛과의 잔치에 초대받던 날

누구와 함께 손을 내밀고
누구를 향해 말을 건넸는지
침묵으로 숨기려 했지

초록이 익어 단풍이 들 때까지
축제를 지내며 알알이 열매 맺던 날

더 가까이 다가가 품을 마음껏 내밀어
오랫동안 끌어안았지

숲으로 가기를 바라던 날
한없이 부러워하며
살아온 내력을 서슴없이 보여 주었지
겨울나무가 한 걸음도 옮기지 않고
오랫동안 서 있는 이유가 되었지

폭설, 그 이후

눈이 내린다 하염없이
무슨 말을 하려는 걸까

못다 한 말 왜 이리 많은지
폭설로 내린다

지나온 길과 가야 할 길을
온통 지워버리고
새 길을 내며 걸어가라 한다

눈길을 내며 가지 않는 길로 가라 한다

낯익은 추억 하나가 뺨을 내리친다
얼얼해진 기억이 연달아 떠오르고
느린 걸음으로 길은 만들며
잊히지 않는 길을 걸어보라 한다
모두 느려지고 망설이는 시간
산도 지우고 들도 지워버린다
낯선 새길로 눈을 맞으며 간다
폭설 그 이후,

시간의 늪

어둠은 꼬리를 물고
동틀녘까지 이어지고

생각이 다른 나무들은 침묵 속에서
하고픈 말을 입에 머금는다

새들은 하나둘씩 숲을 떠나고
나무들의 외침은 얼어붙는다

옷깃을 여미는 나무들이
시간의 늪 속으로 빠져들어

산은 호수에 잠겨 자꾸 흔들리고
겨울나무는 시린 손을 맞잡는다

마음을 열고 있는 나무마다
시간의 늪 속으로 빠져든다

오래된 농담

언젠가 무심코 던진 농담이
바람에 실려 다가온다

귀에 걸린 간절한 이름을
하나씩 호명해 본다

문득 푸른 별을 찾아 고개를 드니
가슴에 품은 기억들이 따뜻해진다

애써 찾은 평정심에 던져진
그리움이 파문을 일으키며
돛단배를 타듯 다가온다

애써 잡으려 했던 꿈결 같은 추억이
아련함에 밀물로 출렁일 때
뒷걸음치는 그립고 아득한 이야기
바람결에 들려오는 둥근 목소리

밤을 따는 노인

밤을 줍는 꿈은 다투는 꿈이라던데
간밤에 무슨 꿈을 꾸었는지
노인이 장대 끝에 매달려 뒤뚱거리고 있다

몇 개의 밤송이가 포물선을 그리며
성게처럼 몸을 움츠리고
숲의 그늘 속으로 떨어진다

햇살의 무게를 견딘 눈부시고 실한 몇 알
한 가족을 이루며 눈을 비빈다

아직 푸른 꼭지에서 가시가 돋친 밤이 데구루루
해질녘 밤을 따는 시간
한 가족이 조명을 받으며 걸어 나오고

햇살 담은 그릇의 터진 틈으로
실한 밤 몇 알 쥔 손을 펴며 내민다

비 오는 날의 도넛

방울방울 떨어지는 빵 굽는 냄새
눈을 비비듯 하품을 한다

유리 상자 속에서 이를 드러내며
하하 호호 웃는다

녹녹하지 않은 날 눅눅함이
달콤하게 스며든다

방긋거리며 번지는 긍정이
빗소리와 함께 솟아난다

입가에 맴도는 빵을 굽는 시간
코끝으로 그린 살색

뽀얀 얼굴이나 둥근 뒤꿈치처럼
감싸고 싶은 하루

빗소리와 어우러지는 달콤한 합창이
중심을 비우며 들리는 듯하다

햇살 좋은 방 3부

아침나절 햇살 한 줌

아침나절 시간의 품에서
팔베개를 풀고 나온 햇살이
재잘대며 문지방을 넘는다

실타래의 매듭 하나가 풀려
단풍나무 잎마다 물드는 날

가을비에도 한가득 열매 내밀고
기쁜 시간으로 굽은 허리를 편다

햇살 한 줌에 열매 하나
햇살 한 섬에 열매 한섬

나뭇잎 사이를 재잘대는 은빛 물결
걸쳐놓은 아침나절 맑아진 꿈이
우둠지처럼 하늘거리고

넉넉한 가을의 품 안에 드는 햇살 한 줌

초록 잔치

늦잠을 자고 창밖을 무심히 바라보니
나무들이 잔치를 벌이고 있네

겨우내 외면했던 삭정이 같은 나뭇가지마다
벌떼처럼 초록을 내밀고 있었네

생명이 맞갑게 춤을 추는
나무의 본 모습에 놀라
잠이 화라락 깬다

자기공명영상장치에 들어가듯
거친 숨소리가 멈추듯
숙취가 깨어나듯

놀라 바라보는 나무마다
초록 잔치를 벌이고 있다

심장이 쿵쿵 뛰며 땅구멍마다
연초록 잎사귀가 돋아난다

아침 햇살마저 초록 빛줄기를 내밀어
눈부터 시작하여 발끝까지 물들인다

깊고 높고 아득한 시간이 흐르고
은빛 물결 사이에도 새순이 돋는다
경이로운 아침이다

숲에 누어 비로소

숲에 누워 하늘을 본 것은
아주 오래된 일

나무들이 하늘을 향해 자랄 때
이웃의 어깨를 짚지 않고
넌지시 말을 걸어온다는 것을

이제야 비로소 알겠네
숲속에서 어떻게 지내야 하는지를
바람에 몸이 흔들거려도
이웃 하늘을 차지하지 않는다는 것을

오랫동안 이사도 하지 않고
자리를 잡을 수 있는 비결을
숲속에서 나무들이 자라는 비결을
이제야 알겠네

누워서 하늘을 보면서 알았네
오랫동안 귀엣말 숨겨둔 이야기를
하늘을 향해 펼치는 몸짓을

나무 위의 요람

새순이 돋는 나뭇가지를
올려다보다
나무 위의 요람을 보았네

연약한 듯 곧게 자란 나무 끝에
멋진 집 한 채 지어 놓았네

숲의 한 가운데가 아닌
가로수 옆 뜰에
높다란 집이 바람에 흔들거리네

아마도 새끼 까치가
새근새근 잠이 들은 듯
요람을 흔들다가 익숙한 모습으로
날개를 펴고 내려오네

스카이라운지에 올라
가깝고 먼 도시를
늘 바라보고 싶었을까

산동네 꼭대기 집처럼
아슬아슬 달린 요람
나뭇가지를 물고 어떻게 떠올랐을까

망루처럼 홀로 높은 요람에는
아기가 옹알이하고 있을까

폭풍에도 안전하게 집을 지은 듯
봄바람에 고요하게 흔들거리고 있다

초록 잎으로 담장을 쌓고 있는
하늘 아래 첫 집 햇살 좋은 방에서
우짖을 까치를 기다리며
하늘을 우러러 고개를 든다

숲속의 새들

새들은 어디로 갔을까

노래하는 새를 찾아 눈을 드니
숲은 앙상한 가지를 들어 올린다

한참 잔치를 벌이고 있는 단풍
가지 위의 잠으로 곤한 날
반지하 방을 찾아 떠났을까

균형을 잡으려 발에 힘을 주던
새들이 떠난 숲은 적막 속으로 들고

아직 떠나지 못한 숲속의 새가
이사할 집을 찾아 짐을 싼다

새들의 길을 따라야 하는가
숲이 그리운 이여

뿌리의 말

빛을 찾아서 까치발을 들고
온 힘으로 팔을 뻗을 때
흔들리지 않으려 힘을 주었지

발레리나처럼 균형을 잡으려
애써 힘을 주었어

잎을 흔드는 바람에도
온 힘으로 버티어 내었지

물을 찾아 뿌리를 내릴 때
이웃의 뿌리를 간질거릴 때마다
한 뼘씩 자라났지

힘주어 달빛, 햇빛, 별빛을 찾아
떠나지도 않았어

뿌리의 힘으로 버티어 내는 시간
이웃을 향해 손을 내밀었지

이런 보이지 않는 나무들의 합창이
숲을 이루어 내었어

겨울나무의 비밀

꽃 치마를 두르던 봄과
빛의 잔치로 푸르렀던 날을 뒤로 하고
단풍을 바람에 내어주던 나무들

천 개의 눈을 감고 귀 기울이며
겨울옷 하나 두르고
찬바람에 서성거린다

더 이상 물러설 수 없다
살아온 내력을 허공에 드러내며
이제 침묵에 들 시간

단풍잎마다 쓰인
지난날의 이야기
푸르던 날을 되새기며 봄날을 꿈꾸겠지

자작나무의 꿈

서로에게 견주는 나무
넌지시 팔을 걸고
여름을 떨치고 걸어가는

정갈하게 걷다가
희디흰 몸매를 드러내는 자작나무
서로를 물들이기 위해 꿈을 꾼다

가을에 초대받은 나무처럼
길 따라 멈추어선 하늘바라기
높지 않은 하늘가에서
구름 기차를 달리게 한다

잠시 손을 펼쳐 보이며
자작나무는 꿈으로 가득하다
마음의 한 자락을 내밀어
숲으로 걸어가리라

그루터기에 앉아

바람의 길에 서서 온몸으로 막았나 봐
도토리나무 그루터기에 앉아 본다

아직 온기가 가시지 않은 듯
꺼끌거리는 나이테가 살아온 내력을 말한다

남으로 너른 창을 내고 햇살 좋은 터에서
팔을 마음껏 펼쳐도 거스르지 않는
살림살이가 엿보인다

고단했던 겨울날과 희망찬 봄날을 엮어
늠늠히 숲을 지키던
다람쥐도 자라게하고 산새들도 깃들던
나무의 마음을 두드리던 딱따구리도 키우던 나무

이끼로 가득한 밑 둥에 뿌리까지 드러내었다
맥박을 재듯 도토리나무 그루터기에 앉으면
벌써 두근거리며 귀에 팔에 도토리를 맺을 듯하다

은행나무가 있는 풍경

은행권 화폐 같은
그래서 더욱 빛나는 초록

햇살을 저으며 은어 떼 키우는
나른한 오후를 그림자에 담는다

아이들은 졸음에 겨워
운동장으로 달음질하고
신나는 놀이를 꿈꾸기도 하지

머리를 맞대고 모래톱같은
생각에 잠긴 든든한 버팀목

오랫동안 기다렸지
서로에게 다가서는 나무들의 합창
어깨동무하고 스크럼을 짜며
넘어질 듯 일어서는
맑은 오후 2시의 풍경

우린 은행나무가 되어 자라고 있지

4월

함성이 들리는가

앞 다퉈 피는 꽃이
바람에 흩날리며
숨을 고르는 소리

하늘 한 언저리에 피는 꽃
꽃무늬 수놓는 시간

꽃길을 걸으면
소리 높여 환호하는 길마다
4월이 간다

길의 끝자락에도 꽃이 지는가
환한 길에 사뿐사뿐 걸어가는
꽃 터널로 봄은 간다

이팝나무꽃 필 때

휘청한 보리밭 길을
가로질러 온 적이 있는가

바람의 길을 따라
목젖을 젖히는 청보리 길을
허기진 바람이 먼저 지나간다

해 길어 구수한 이팝나무의 꿈들
보릿짚 불빛으로 그윽한 저녁 노을

고봉밥 짓는 이팝나무가
햇살을 몇 섬 지고 넉넉해질 때

겉보리 몇 줌 맑게 씻던
어머니의 꿈으로 피어 올라
이팝나무꽃 알알이 돋아나고 있었지

노을 속 민들레

노을이 아름다운 것은
아껴둔 빛깔을
찰나에 내어놓는 까닭이다

어둠을 밝히는 것은
꽃이 아니라
달빛을 뒤집는 잎사귀 잎사귀

민들레 바람에 드러내기 전
갈증마저 버린 순간

새들도 노을 속 둥지를 틀 때
가장 고운 빛깔을 고른다

산새, 넝쿨장미 속으로

산새 한 마리 넝쿨장미 아래에서
꽃그늘의 한때를 즐기고 있네

햇살이 부지런히 잎사귀 들출 때
이슬방울 머금고 날아드네

그윽한 향기 그리워
꽃그늘 아래 한참을 서성이다가
단풍나무 위로 포르릉 날아든다

라일락 향기가 그리운 걸까
악보 같은 울타리에서
오르락 내리락

가장 고운 소리를 골라
햇살을 저으며 연주하고 있네

장미와 달빛

장미꽃 흐드러진 길로
보름달 머무르네

장미 송이송이 달빛에 더욱 붉어
먼지 이는 길 비 내리고
알알이 맺힌 빗방울 오래 바라보았지

우산을 접고 멈추어 서서
달빛에 젖어 드네

달은 자꾸 떠오르며 길을 밝히고
등불 들고 마중 오며
백만 송이 장미로 피어나고

바람 불어 꽃이 질 때
무성해지는 잎들의 잔치
새는 숲으로 날아드네

목련, 노을 속으로

능선을 달리는 나무가
금빛 바퀴를 굴릴 때
창가에 앉아 소주를 마신다

오그라진 하루를 씹으며
불쾌해지는 시간
옹알이하듯 목련이 피고 있었네

둥글게 노을이 스밀 때
사월을 향해 눈을 뜬다
이른 외침들이 눈물겨워
슬며시 돌아앉네

장미꽃잎 속에는

장미꽃잎 속에는 바람 한 섬, 봄비 한 섬,
그늘 한 섬, 달빛 한 섬, 햇살 한 섬,
새소리 한 섬

뿌리가 웃는다

넝쿨이 간지럽고
부지런한 잎사귀 뿌리 돋을 때
장미꽃 한 송이 피우는 까닭은

담장 곁으로 다가서는
그대의 발걸음 소리

바람이 분다
눈물 같은 이슬에 눈동자 반짝인다

적목련 필 때

자주색 입술을 내민다

오래 머금은 온기가
꽃눈을 터트리며
아가의 손처럼 흔든다

하늘 한켠이 다시 환해져
붉은 잇몸으로 말을 건다

햇살을 둥글게 말아쥐고
바람결에 눈을 뜬다

뿌리의 힘
허공에 건다

복사꽃 피는 언덕

봄바람이 시샘하듯
언덕에 올라 가지를 두드리면
기지개를 켜듯 꽃눈을 내민다

낯익은 봄날들이 모여 와서
불그레한 미소를 띠며
군무를 하는구나

기쁨의 순간을 함께할
너에게로 가는 길

오후 7시의 빛깔

뽀얀 뒷금치로 꽁꽁 다져 놓았던
또는 혈관처럼 엉킨 실타래를 풀 듯

빛깔들을 손가락으로 늘이고 감고
그래서 회색 빛이 된 바람 자락

투명한 추억이 촛농이 된다
초록빛 추억이 농익은 단풍이 되어
별빛으로 질 때

투명해져 속이 훤히 보이고
가눌 수 없는 날 선 기억의 한 자락이
볼록거울 속에서 나부낀다

뒤돌아볼수록 부풀어 오르는 추억
멍든 기타 현을 조율하듯
불러본다 그 빛깔들

햇살 좋은 방 4부

그릇과 빗방울

은총의 비가 내린다
먼지 나는 흙 위로
빗방울이 구른다

빗줄기 아래 접시와 사발이
빗방울을 담는다

고이지 못한 시간이 접시 위로
못다 한 말이 튕겨져 나온다

사발 위에 시간이 담겨
은총의 말이 고인다
빗방울은 속삭이며 기쁨을 담는다

동심원을 그리며 말을 걸어오면
오래오래 마음에 품는다

살포시 내미는 고요한 마음에
새겨지는 그릇 위의 시간

시간의 틈새

한지에 스미는 물방울처럼 그리움이
먼 계곡에서 물 흐르는 소리에 등을 돌리고

숲의 향내로 물소리 틈새로
숲의 정령 소리가 더 밝아오듯
깊은 허리통증처럼 그리움도 번져
걸음걸이 아득해질 때

시계 밥을 주며 고향을 그리워하고
까끌까끌한 동전을 만지작거린다

온종일 비 내리는 산촌의 저녁
비 갠 뒤 동네 어귀로 서성거리기도 하고
그리운 이를 떠올려 볼 일이다

시인의 노래

옛 시인의 노래를 듣는다

서가에 서성이며
깊은 울림으로 다가온다

책장을 넘기면 옛 시인의 노래
절창이다

먼지 쌓인 서가에 쏟아지는 햇빛
비로소 밝아지는 마음 한자리

갯벌의 품에

밀려오는 물결이 갯벌 위에
파도의 무늬를 새긴다

밀려왔다 물러서는 만큼
갯벌의 영토가 자라나
생물들이 꿈틀거린다.

하늘을 열었다가 다시 닫는 파도가
갯벌의 품에 스며든다

아, 우글거리는 생명

파도

파도는 바다의 혀다
끊임없이 들려주는 바다 이야기

파도는 바다의 노래이다
눈 감고 귀 기울이면
들려오는 먼 바다의 음표들

파도는 바다의 그리움이다
끝없이 다가왔다 멀어지며
생명을 자라게 하는 갯벌이 꿈꾸게 한다

빗소리

웅덩이마다 동심원을 그린다
지문처럼 새겨져
마른 터마다 촉촉해진다

수없이 두드리며 다짐하는 말
떠오르는 그리움

메마른 마음에 젖어 들어
기억을 깨우면 추억이 떠오른다

집으로 가는 길
어깨에 새겨지는 동심원
우산 위로 떠 오르는 빗소리 문양

파도의 말

파도는 어깨동무하고
대치해 있던 해안선으로
끝없이 밀려들고

하고픈 말 끝없이 바위에 새긴다

파도는 포구에서 어머니 품에 잠들고
못다 한 말 귀엣말로 속삭인다

꿈꾸는 섬마다 상념에 잠기고
어선은 만선의 꿈을 안고
파도의 말에 귀 기울이며
먼바다로 나아간다

정겨운 말을 걸어야지
밀고 당기던 해안선은
파도에 밀려 주춤거린다

가을 햇살

청람색 가을 햇살 속에는
얼어붙은 기운이 숨어있다

황사로 뿌연 공기 가득찰 때
안개 속에서 빛을 찾아야 한다
어둠을 닮은 군상으로 가득하다

폭풍이 불고 바람에 휩쓸린 나무들이
뿌리를 드러내도 가을 햇살은
잉태되고 있다

가을 색이 온 누리에 가득하고
높푸른 하늘에 익은 빛깔이 가득하다

어둠을 걷어내는 가을 햇살
드러내기만 하면 이내 영그는
황금색 들판을 낳는다
높푸른 하늘 호수에 잠기는 가을 햇살

눈 오는 겨울 산

신비로운 기운을 두르고
뜨거운 심장이 힘차게 뛴다
차가울수록 따스해지는
목화솜 두르고
꿈틀거린다
살아 숨 쉬는 겨울 산의 용트림 뒤
고요 속으로 몸을 숨긴다
찰나의 순간, 눈 오는 하늘가로
다가가는 발자국 소리
뜨거운 숨소리에 눈이 내린다

양푼 그릇

반들반들한 양은 그릇 속에
푸성귀에 참기름 몇 방울 넣어
맛나게 먹던 양푼 그릇

입맛 당기면 국수도 말아 먹던
더러 찌그러진 철밥통

입을 크게 벌려도 모자라게 담던
허기질 때 종종 꺼내는
노랑 도금이 벗겨나간
소박한 밥그릇

찬장 속 빛나는 그릇에 밀려
구석에 몰린 가벼운 그릇
유난히 돋보이는 황달 색

밀려 서서 나중에 씻기던
저만치 있는 그릇

밥상

둥글게 두레 밥상에 모여
도란도란 이야기꽃을 피운다

때로는 거친 파도 속에서
그물을 던지며 노래하던 날

파도 잠드는 항구로 돌아와
정겨운 두레 밥상을 받는다

어깨를 맞대고 둘러앉아
꿈꾸는 바다를 건져 올려

억센 팔과 숨결로
더욱 뜨거워지는 박동 소리

우리 떠날 수 없음은
그대를 향한 끝없는 파도 소리

옥탑방 고양이

햇살이 오선지를 펼치고
노을의 선율로 노래할 때

옥탑방 의자 위의 한가로움이
풍금 위로 사뿐히 걸어 나온다

노을이 붓끝처럼 고운 털 감싸고
아직 남은 빛의 강에 다다르는
해지기 오 분 전

바쁜 시계추는 흔들거리고
어미의 눈빛은 따사롭다

개나리 꽃자리에 누어
서늘한 땅 기운 감싸며
아기고양이 보듬을 때

옥탑방 창가를 바라보다
어둠 속으로 두 그림자 흔들리며 간다

노을 스케치

노을 속으로 옹기종기
그림자 모여들더니

스미는 얼굴 마음속에 그리려
한 뼘 가까워지는 시간

노을처럼 기쁨이 싹틀 때
더욱 환해지는 그대 모습

발길 닿는 대로 걷다가
온기 드리워질 때
더욱 환해지는 우리들

그대 떠날 수 없어라
가없는 파도 소리 맴도는
우리들의 이야기

해거름 숨바꼭질

해지는 오솔길 모퉁이에서
바람과 햇살이 숨바꼭질한다

햇살이 산 그림자 꼬리를 물면
바람은 술래가 되어 달음질 한다

소나무 뒤에 소나무 숨고
잣나무 뒤에 잣나무 숨고

잠이 깬 부엉이 눈을 비비면
개밥바라기 별 떠오르겠지

어라, 휘영청 달이 떠오른다

꽃그늘 아래, 고양이

창가 꽃무늬 의자 위에
햇살을 공글리며
나른한 눈동자로 봄을 재촉하던 날

뾰족한 말들이 바람에 흩날려
고양이 눈빛으로 떨어질 때
빗방울 모양으로 개나리꽃 지고

의자 위 손수건 모양으로
날아앉아 고운 털을 감쌀 때
배부른 고양이 꽃그늘 아래에서 존다
빗소리에 노랗게 고양이 운다

초록으로

초록이 대세다

산정까지 번진 초록은
갖은 모양으로
능선을 타고 넘는다

봄바람 부는 사이에
온통 초록으로 물들었구나

비가 내린다
그대가 초록으로 물들을 차례

간월도에서

빛 좋은 날 삼거리에서
바다로 나아가
그물을 던지는 어부처럼
길의 끝으로 내달렸네

노을에 젖어
이야기보따리 풀어 놓고
웃음꽃 피워내더니

저녁 햇살에 바닷길 열리고
잔잔한 물결 일어
보탠 다짐들

샛강의 꿈이 강으로 모여
여기까지 온 듯
서로를 보듬는 시간

우리가 빚은 모습대로
한 뼘 곁으로 모여와서
그대를 볼 수 있음을

간월도는 이렇게
우리 차지가 되었네

가을날, 월악산에 들다

운무를 머금은 월악산 아침나절
다소곳이 추억을 불러들인다

비스듬히 팔에 안겨 전설을 품고
사뿐히 걷는 가을볕이 해시계를 걸고
마음 풀어 능금을 맺게 한다

헤진 마음을 견디며 자꾸 간지럼을 타는지
언뜻 높푸른 하늘을 얹어 놓는다

푸른 기억과 깊은 침묵 속에서
가을을 노래하는 월악산은
가을날 맺은 인연으로 가을비 머금고

맑은 산의 정수리부터
산의 엄지발가락까지 눈길을 준다
노을을 벗하며 어머니 마음 자락으로 들다

각원사에서

게으른 저녁노을이
절집의 처마를 들추고
능선의 율동에 졸음을 깨울 때

동자승처럼 서 있는
소나무 길로 바람이 깃든다

그릇을 비우듯 속내를 드리우고
목젖을 드러내고 웃던 가벼움 들이
저녁 햇살을 펼친다

풍경소리 새소리와 어우러져
더욱 맑아지는 숲

부처는 무릎을 들고
햇살에 비끼어 앉는다

오후 2시

눈 녹는 언덕이 봄기운을 펼치며
빛의 잔치를 벌이는구나

양지바른 곳으로
다소곳한 햇살이 풀리는 시간

길 위에 놓이는 발걸음 소리
해시계 시간은 오후 2시

□ 해설

햇살 머금은 생명의 시학

임홍택 시집『햇살 좋은 방』에 부쳐

홍 문 표

시인 · 비평가 · 전 오산대학교 총장

임홍택 시인이 세 번째 시집 「햇살 좋은 방」을 상재한다. 먼저 시집 발간을 축하한다. 각박한 시대, 물신주의가 설치는 세상에서 시인으로 산다는 것이 어떤 의미일까. 물론 세상 풍속을 좋아하는 사람들의 시각으로는 그저 세상물정 모르는 순진한, 아니면 답답한 존재로 볼 수도 있다. 그리고 이러한 시각은 이미 오래 전부터 그래왔다. 그동안 2천년 철학을 주름잡던 플라톤은 그의 철인공화국에서 시인을 추방해야 한다고 했다. 이유는 그가 꿈꾸는 현실 너머에 있는 이데아의 세계, 진리의 세계를 시인은 직접 드러내지 못하고 기껏해야 진리의 그림자인 현실세계를 모방하거나 흉내 내는 존재이기 때문이라는 것이다. 이러한 생각은 동양에서도 그랬다. 동양에서 시에 대한 인식은 재도지기(載道之器), 진리나 도를 드러내는 도구에 불과했다는 것이다.

이들의 공통된 사고는 철학은 이성적·사변적 세계이고, 시는 상상적·감성적 세계라는 이분법에 근거한 것이었다. 뿐만 아니라 이성은 가치가 있고 상상은 무가치한 것이라는 극단적인 편견이 시를 무시하고 시인을 우습게 보는 풍속을 만들었던 것이다. 이러한 편견은 현대에서도 기술과학에 대한 맹신이나 이성을 앞세운 철학이나 사상이나 이데올로기에 찌든 그러나 자기들 딴에는 깨어 있다는 사람들도 역시 시는 비현실적이고 비과학적이고 비이성적이라는 이유로 외면하는 경우를 허다히 본다.

그런데 21세기 첨단과학 시대에 이르러 정신이니 이성이니 상상이니 하는 것들마저 뇌 과학의 발달을 통해 과학적으로 해명하는 단계에 이르게 되면서 그동안 그렇게 경시했던 상상이 오히려 인간의식의 원천이 되고 그동안 고고한 형이상학으로 군림했던 철학이니 이데올로기니 하는 것들은 니체의 선언처럼 상상, 즉 이미지의 찌꺼기 언어에 불과하다는 비판을 받게 되었고, 정보통신 시대의 기술문명은 오히려 이미지와 은유와 상상에 목숨을 거는 바야흐로 호모 이마기난스 시대가 된 것이다.

인간이 태어날 때 조물주로부터 물려받은 유산은 몸이라는 살덩이에 달려 있는 감각기관 뿐이었다. 그런가

하면 세상의 사물들은 모두 이미지를 통해 자신을 드러낸다는 것이 밝혀졌다. 그러기에 인간이 사물과 소통하는 방식은 감각기관을 통하여 이미지를 경험하는 것이고 그 경험된 이미지를 축적하고 재구성하여 확대재생산 하는 것이다. 그러니 인간은 생각하는 존재가 아니라 상상하는 존재다. 이런 사실을 모르고 그동안은 상상보다 이성이 인간의 근본인 줄 알고 설쳐 댔는데 모두가 뇌 과학을 모르던 무지한 시대의 이야기인 셈이다.

그런데 시인은 일찍부터 상상이 인간의 본질인 것을 깨달았고, 그래서 은유적 상상력을 구사하여 세계와 소통하고, 세계를 창조하는 하나님의 형상을 닮은 인간 본연의 역할을 다해 왔던 것이다. 따라서 오늘의 물신시대가 아직도 시인을 우습게 생각한다면 사실은 저들이 세상물정을 모르는 무지의 소치인 것이다. 따라서 시인이 이미지를 구사하는 모든 은유적 행위는 결코 사물을 모방하거나 언어를 꾸미는 행위가 아니라 원초적인 사물과의 소통행위이며 타고난 각자의 감성을 그대로 드러내는 순수한 표현이 된다. 이런 전제를 하면서 이번에 발표한 임홍택 시인의 시집 「햇살 좋은 방」의 몇몇 작품을 들어서 몇 가지 소견을 더하고자 한다.

이번 임홍택 시인의 시집에서 가장 눈에 띄는 것은

역시 시집 제목이다. 햇살 좋은 방이라는 것이다. 모든 생명의 근원이 되는 햇살이라는 은유적 이미지와 방이라는 공간적 이미지를 결합하여 이번 시집의 감성적 주제를 드러내 보겠다는 의도가 시집 제목에서 보여 주고 있기 때문이다. 그런데 작품을 읽어보니 이번 시집 전체가 사실은 눈부신 햇살이 가득한 밝고 환한 생명의 세상이다. 빛은 어둠의 저편에 있는 생명의 세계요, 희망의 세계요, 정의의 세계요, 구원의 세계다. 그러기에 임 시인은 햇살이 있는 밝음의 공간에서 그의 시적 상상력을 구사하고자 한 것이다. 도대체 임 시인에게 빛은 무엇인가, 빛에 대해 살펴본다.

햇살이 강줄기를 따라 춤을 춘다
선명하게 드러나는 빛 속에서
은어 떼가 펄떡이며 튀어 오른다
참 좋은 색, 정제된 빛깔들
가장 힘 좋은 하나를 눈길로 잡아본다
팔딱이는 빛깔들
그리고 노을,
해질녘 가장 고운 빛깔을 고르는 시간
숨소리마저 고요하다
너를 만나는 시간

-「빛을 찾아서」 전문

비온 뒤 꾸물대는 뭉게구름 개어
억새 붓으로 칠한 벽에

코스모스도 그려 넣고

향내나는 나무 속살 문질러
반들반들한 마루 놓고

높푸른 하늘 한켠을
구들장 떼어내듯 오려내어
머리맡에 풀어 놓고

어둡고 낮고 아득한 오후
가을볕이 비단처럼 출렁이고
폭포처럼 쏟아지는
세 평짜리 방이라도 좋으련만

-「햇살 좋은 방」 전문

시집 첫 작품을 「빛을 찾아서」로 시작하고 있다. 시집 제목에서나 시집 첫 작품이 모두 햇살로 물들이고 있는 것을 보면 역시 이번 시집은 햇살이 가득한 살맛나는 세상이다. 시인은 이 작품에서 햇살들이 춤을 추는 강줄기를 거닐며 펄떡이는 은어 떼와 팔딱이는 빛깔들을 감싸 안으며 황홀한 노을의 햇살을 만끽하고 있는 것이다.

이러한 감격을 시집 제목이 되고 있는 작품「햇살 좋은 방」에서 더욱 구체화된다. 인간은 누구나 안식처를 그리워한다. 세속적인 사람들은 문화적인 공간을 안식처로 생각한다. 그러나 시인이 꿈꾸는 공간은 그런 인위적인 공간이 아니다. 그의 방 벽은 뭉게구름 개어 억새 붓으로 칠을 했다. 코스모스도 그렸다. 마루는 향나무 속살, 머리말에는 푸른 하늘 한 권을 풀어 놓고 아늑한 오후 가을 햇살 비단처럼 출렁이고 폭포처럼 쏟아지는 세 평짜리 그런 공간이다.

지난 시대에는 이런 공간이라면 신선이나 사는 낙원 같은 곳, 결국 범인은 범접할 수 없는 이상향으로 생각했다. 요즘같이 문명의 이기에 매몰된 소위 현대인들은 이를 비현실적인, 비문명적인 공상이거나 판타지로 생각할 수도 있지만 임 시인에게 있어서는 오히려 정상적인 상식일 뿐이다. 시인은 공해로 찌들어가는 문명이나 물질적 욕망의 진흙탕에 매몰된 삶을 단연 거부한다. 처음부터 그랬다. 그러니 자연과 더불어 사는 것은 임 시인의 상식일 뿐이다.

이처럼 생명력 넘치는 햇살 머금은 공간을 꿈꾸며 마침내 마련한 그의 공간은 먼저 햇살 머금은 숲이다. 꽃밭이다. 새소리, 물소리, 바람소리가 어우러진 생명의 공간이다.

햇살이 오선지를 그릴 때
뼛속까지 비운 새는
숲의 그리움으로 날갯짓한다

팽팽한 현 위에 영혼의 노래를 짓는다
유연한 곡선만이 살아남아
꽃이 핀다고 꽃이 진다고

새들은 가는 곳마다 길이다
그리움의 뼈마디에
영혼을 길어 숲으로 난다

영롱한 악보 하나 남기고
비로소 나뭇가지에 깃든다

-「그리움의 숲」 전문

아침나절 시간의 품에서
팔베개를 풀고 나온 햇살이
재잘대며 문지방을 넘는다

실타래의 매듭 하나가 풀려
단풍나무 잎마다 물드는 날

가을비에도 한가득 열매 내밀고
기쁜 시간으로 굽은 허리를 편다

햇살 한 줌에 열매 하나
햇살 한섬에 열매 한섬

나뭇잎 사이를 재잘대는 은빛 물결
걸쳐놓은 아침나절 맑아진 꿈이
우듬지처럼 하늘거리고

넉넉한 가을의 품 안에 드는 햇살 한 줌

-「아침나절 햇살 한 줌」 전문

햇살 머금은 숲은 새들의 낙원이다. 햇살이 오선지를 그릴 때면 뼛속까지 비운 새들은 숲에 대한 그리움으로 날갯짓을 하고 햇살의 악보를 타고 영혼의 노래를 부르면 꽃은 피고 지고, 숲은 새들의 길이 되고 안식처가 된다. 그래서 햇살과 새들과 숲이 함께 어우러져 합창을 하는 「그리움의 숲」은 이성의 경계가 없는 자유로운 생명들의 세계다.

이처럼 임홍택 시인의 시적 상상력은 나와 자연과 신과의 경계가 없다. 과학은 애써 인간과 자연을 구분하고, 신을 구분하고, 지식은 이성을 앞세워 인간을 구분하여 대립하고, 투쟁하고 그리하여 서로가 이전 투구하다가 자멸하는 것이지만 임 시인의 우주는 모두가 사랑과 평화와 충만함으로 상생하는 낙원이다. 「아침나절 햇살 한 줌」의 첫 연은 그의 시학이 얼마나 자연스럽게 경계를 허문 문장인지를 알 수 있다. 시인은 아침 햇살을 시간의 품에서 팔베개를 풀고 나왔다 했다. 그에게 있어서 햇살은 인간과 자연과 너와 나 구별 없이 동거하는 가족이기 때문에 이런 은유적 상상이 가능한 것이다. 결국 나무들은 햇살 한 줌에 열매하나, 햇살 한 섬에 열매 한 섬의 넉넉한 결실로 가을을 마련한다.

물론 햇살은 아침 햇살도 있고, 한 낮의 햇살도 있고 언제나 있다. 그럼에도 임 시인의 이 시집에서 집중되고 있는 햇살의 시각은 해질녘 노을의 가을 햇살이 많은 비중을 차지한다. 어째서 임 시인의 햇살은 노을의 시간일까.

노을 속으로 옹기종기
그림자 모여들더니

스미는 얼굴 마음속에 그리려
한 뼘 가까워지는 시간

노을처럼 기쁨이 싹틀 때
더욱 환해지는 그대 모습

발길 닿는 대로 걷다가
온기 드리워질 때
더욱 환해지는 우리들

그대 떠날 수 없어라
가없는 파도 소리 맴도는
우리들의 이야기

－「노을 스케치」 전문

빛과 어두움을 가르는 기차가
산모퉁이로 꼬리를 감춘다

환희로 가득찬 노을이 숨을 쉴 때
빛이 산정을 오르는 숨소리일까
긴 하루를 돌아보는 한숨일까

가장 고운 빛깔을 칠하며
능선 위로 펼쳐놓는다

빛이 어둠 속으로 들 때
몰아 쉬는 숨은 노을을 만들고
단풍이 든다 물든다

빛과 어두움의 경계에서 노을이 태어나
안간힘으로 얼굴을 붉힌다

곱디고운 소멸이 동치미 뒷맛처럼 아득해지고
모든 빛깔을 노을빛으로 물들이며
숨을 몰아 쉰다 숨는다 쉰다

－「노을의 숨」 전문

먼저 「노을 스케치」를 보자. 노을의 시간은 그대 얼굴을 그리는데 한 뼘 가벼워지는 시간이다. 그대라는 존재인식이 수월해지는 준비된 시간이다. 그리하여 그대 모습이 더욱 환해지는 시간이다. 인생이란 너를 알아가는 과정이다. 너를 제대로 만나는 과정이다. 그런데 그 시간은 충분히 무르익은 오후의 시간, 가을의 시간, 그리고 노을의 시간이다. 시인은 노을의 시간에야 더욱 환해지는 존재와 사물에 대한 내면을 들여다 볼 수 있는 시력을 확인하게 된다.

사실 노을의 시간을 부정적으로 보면 이내 밤이 오는 시간이고, 초조한 시간이고, 마지막의 시간이란 것에 불안해 질 수도 있다. 그러나 임 시인의 노을의 시간은 「노을의 숨」에서 보듯이 모든 존재의 절정의 시간이다. 환희로 가득한 시간이다. 그동안의 햇살조차 노을에는 "가장 고운 빛깔을 칠하며/능선 위로 펼쳐 놓는다" 단풍이 그렇고, 가을이 그렇고, 인생의 노년이 그렇다. 내가 미국대학의 평생교육을 돌아보면서 감동한 것은,

그들은 정년이후의 삶을 르네상스소사이어티라 했다. 부활과 재생의 인생이란 말이다. 임 시인의 햇살의 시학도 결국 가을 단풍이나 황홀한 노을처럼 생의 절정에서는 삶이기를 바라는 내심의 다짐은 아닐까.

날마다 어둠을 밀쳐내고 밝고 환한 생명의 햇살이 되어 지상에 쏟아지는 저 눈부신 은총의 세상을 바라보며 놀라운 은유적 상상력을 구사하며 상재한 시집 「햇살 좋은 방」을 만나게 되어 반갑다. 그의 시는 온통 햇살이 가득한 생명력이 넘치는 공간이다. 신과 자연과 동물과 인간들이 햇살아래 어우러져 노래하고 춤추는 희망의 공간이다. 풍요의 공간이다. 늦가을의 노을처럼 황홀한 절정의 시학이다.

햇살 좋은 방
임 홍 택 시집

2023년 8월 15일 인쇄
2023년 8월 15일 발행

지은이 임 홍 택
펴낸이 신 용 호
펴낸곳 창조문학사

서울 서대문구 홍은동 397-26 동천아카데미 5층
등록번호 제1-263호
전화 374-9011, Fax 374-5217
공급처 한국출판협동조합 전화 716-5616~9

저자와 협의에 의해 인지를 생략합니다.
파본은 바꾸어 드립니다.
값 10,000원
ISBN 978-89-7734-799-1

이 책은 2023년도 천안문화재단 문화예술 지원금을 받아 간행되었습니다.